नए जमाने की हिंदी लेखन के प्रारूप

OPEN SOURCE / खुला स्त्रोत

जगत जननी अरविन्द

"शिक्षित होना और शिक्षा का सदुपयोग करना ही पूर्ण शिक्षा है"

अरविंद कुरील

क्रम-सूची

प्रस्तावना

मुझे पढ़ने और लिखने का हमेशा से शौक रहा है लेकिन जब मैंने अपने विचारों को कलमबद्ध करना शुरू किया तो इससे फर्क पड़ा।

Fiction

जगत जननी

भूमिका

इस किताब में मैंने अपने कुछ अनुभव आपके साथ साझा किए हैं।

मैं आपके मस्तिष्क के कैनवास पर कुछ उकेरने की कोशिश कर रही हूँ |

आज के युग के नए प्रारूप को एक जगह एकत्रित किया है |

विभिन्न प्रकार के शैक्षणिक संस्थानों में इनका उपयोग किया जाता है |

पावती (स्वीकृति)

वैसे तो हर इंसान में कोई न कोई कमी होती ही है। इस सृष्टि में कोई भी जीव पूर्ण नहीं है। ऐसा कोई नहीं जिसमें कोई कमी न हो। मुझमे भी कुछ कमियां हैं, लेकिन इतनी खूबियां हैं कि कमियां नजर नहीं आतीं। बहुत दुर्लभ हूँ।

पिताजी के प्रेरक शब्दों के कारण ही आप और मैं इन प्रारूपों को आप सबके सामने रख पायी हूँ।

आगे बढ़ते हुए मैं एक बार फिर "श्री अरविंदजी" को धन्यवाद देना चाहूंगी कि भविष्य में भी वे मेरी कमियों को नज़रअंदाज करके मेरी खूबियों को उजागर करने में मेरा साथ देंगे।

मेरी माताजी व मेरी प्यारी बड़ी बहना का सुपर धन्यवाद हर कदम पर मेरा साथ देने के लिए।

नोट ऑफ़ थैंक्स

आमुख

ज़माना देख रहा है क्या?

जब भी आप हिन्दी के प्रारूप लेखन में देखते हैं तो आपको आभास हो जाता है कि आपके लेखन में कुछ अच्छा या बहुत कुछ होने वाला है।

यहाँ कुछ नए और पुराने हिंदी लेखन प्रारूप स्पर्श के साथ साझा कर रहीं हूँ |

आशा है सभी को पसंद आयेंगे |

जगत जननी

1

पहले ये तो पढ़ लो

स्वर : अ आ इ ई उ ऊ ए ऐ ओ औ अं अः ऋ

मात्राएँ :

व्यंजन : क ख ग घ

च छ ज झ

ट ठ ड ढ ण

त थ द ध न

प फ ब भ म

य र ल व

स ष श ह

क्ष त्र ज्ञ

बारहखडी : क का कि की कु कू के कै को कौ कं कः क्र/कृ/कँ

शब्द की परिभाषा ही है ,

अक्षरों के अर्थ पूर्ण समूह को शब्द कहते हैं ।

2

पुस्तक समीक्षा

पुस्तक समीक्षा

आधुनिक काल में भले ही इंटरनेट का जोर हो, ई-बुक्स का प्रचार-प्रसार हो रहा है। इन सबके बावजूद, दुनियाभर में पुस्तकों की बिक्री बढ़ रही है। पुस्तकें ज्ञान का भंडार हैं। मुद्रित पुस्तक को पढ़ने के लिए समय की ज़रूरत होती है। पुस्तक पठन के लिए उम्र व स्थान का बंधन नहीं होता। किसी पुस्तक की समीक्षा हेतु निम्नलिखित बातों का ध्यान रखना अनिवार्य है –

1. पुस्तक का पूर्व अध्ययन करना चाहिए।
2. पुस्तक के मुख्य-मुख्य बिंदुओं को नोट करना चाहिए।
3. पुस्तक के शिल्प पक्ष का भी ज्ञान होना चाहिए।
4. पुस्तक की अच्छाइयों के वर्णन के साथ-साथ कमियों को भी उजागर करना चाहिए।
6. समीक्षा करते समय पूर्वाग्रह से दूर रहना चाहिए।

प्रारूप

<u>पुस्तकसमीक्षा</u>

1. पुस्तक का नाम : -------------------------------------
2. पुस्तक के लेखक/संपादक: --------------------------------
3. प्रकाशक का नाम/पता : --------------------------------
4. प्रकाशन का वर्ष : -------------------------------
5. पुस्तक का मूल्य : -------------------------------
6. कुल पृष्ठ : -------------------------------
7. ISBN क्रमांक : -------------------------------

8. मूल्यांकन : * * * (सामान्य-अच्छी-असाधारण)

9. पुस्तक की कहानी / कहानियाँ / विषय-वस्तु का सारांश :

(80-100 शब्दों में)

----

1. मेरे विचार (50 शब्दों में): -----------------------------

----

11. समीक्षक : (अपना पूरा नाम लिखिए)

3

डायरी लेखन

डायरी लेखन (100-120 words)

स्थान : विद्यालय, गाँव, मुम्बई / मुंबई

दिनांक : 29 अगस्त 2022 / अक्टूबर / नवम्बर / दिसंबर

समय : 12:54 दोपहर

प्रिय डायरी,

कई दिनों बाद तुमसे बात हो रही है / नहीं हो पाई | ....

.....

अपनी भावनाएं + मुहावरे + लोकोक्तियाँ + दोहे + कवितायें

(अन्य विषयों से जोड़ना –

समाज,

बच्चे,

युवा,

सरकार,

राजनीती,

विज्ञान,

लाभ,

हानियाँ,

समस्याएं,

हल,

योजनायें,

आपके अपने विचार)

अच्छा अब मैं विद्यालय जा रहा हूँ/रही हूँ | / माँ बुला रही है |

कल फिर मिलता हूँ / मिलती हूँ |

तुम्हारा / तुम्हारी
(अपना नाम लिखिए)

तुम्हारा / तुम्हारी
(अपना नाम लिखिए)

4

डायरी लेखन-

डायरी लेखन :

आपने कर्जत स्थान के पास एक यात्रा में गए थे | वहाँ आपने क्या-क्या किया ? अपने अनुभवों को एक डायरी के रूप में 80-100 शब्दों में लिखिए |

प्रारूप:

डायरी लेखन (80-100 words)

स्थान : विद्यालय, मुम्बई / मुंबई

दिनांक : 29 सितम्बर 2022

समय : 11:35 सुबह

प्रिय डायरी,

- कई दिनों बाद तुमसे बात हो रही है | ....

- वहाँ जाकर हम सभी खूब खेलेंगे ......

- अच्छा अब मैं विद्यालय जा रहा हूँ/रही हूँ | / माँ बुला रही है |

कल फिर मिलता हूँ / मिलती हूँ |

तुम्हारा / तुम्हारी

(अपना नाम लिखिए)

5

ई-मेल (अनौपचारिक पत्र)

ई-मेल (अनौपचारिक पत्र)

प्रति = <u>mitra@mitra.com</u>

प्रेषक = <u>jinnyjags@gmail.com</u>

दिनांक : 01 फरवरी २०२३, दोपहर 2:10 बजे

विषय : <u>अनुशासित रहना मनुष्य को सशक्त बनाता है</u>

सेवा में,

प्रिय मित्र जीवन,

सादर प्रणाम |

- परिचय (विषय का परिचय)
- मुद्दे (८-९) + मुहावरे + लोकोक्तियाँ + दोहे

(अन्य विषयों से जोड़ना – समाज, बच्चे, युवा, सरकार, राजनीती, विज्ञान, लाभ, हानियाँ, समस्याएं, हल, ...+ आपके अपने विचार)

- अंतिम अनुच्छेद

तुम्हारा शुभचिंतक/मित्र

मन मोहक

6

ई-मेल (औपचारिक ई-पत्र)

ई-मेल (औपचारिक ई-पत्र)

(व्यापारी/पुस्तक विक्रेता/ग्राहक/प्रधानाचार्य/पदाधिकारी/संपादक इत्यादि)

प्रति / सेवा में = _editor@books.com_

प्रेषक / द्वारा = _jinnyjags@gmail.com_

दिनांक : सोमवार, 5 दिसंबर 2022, दोपहर 1 बजे

विषय : ....

सेवा में,

मान्यवर / माननीय महोदय / श्रीमान / आदरणीय,

(सविनय / विनम्र निवेदन है / मैं आपके ... / ......)

- विषय परिचय/ भूमिका

- विषय वस्तु - मुख्य बात, विस्तार, समस्या/हल

- समापन / अंतिम अनुच्छेद

धन्यवाद / आभारी

भवदीय / भवदीया

(अपना नाम / हस्ताक्षर / पद)

(पता / दिनांक)

7

आलेख / लेख लेखन

आलेख / लेख लेखन (२०० शब्द) – 16 Marks

- दिनांक
- लेखक का नाम
- विषय
- विषय का परिचय
- ८-९ मुद्दे (+ मुहावरे + लोकोक्तियाँ)
- अन्य विषयों से जोड़ना – समाज, बच्चे, युवा, सरकार, राजनीती, विज्ञान, लाभ, हानियाँ, समस्याएँ, हल
- आपके अपने विचार
- समाप्ति

8

लेख - एक उदाहरण

अभिभावकों को अपनी संतान पर उनका भविष्य चुनने के लिए अपनी अधूरी इच्छाएं नहीं थोपनी चाहिए | आप इस बात से कितना सहमत हैं ? अपने विचारों को एक लेख के रूप में लिखिए | निम्न मुद्दे आपके लेखन को दिशा देंगे |

1. अभिभावक अपने अनुभव का नाम देना चाहते हैं |
2. संतान को अपने से सीखने का अधिकार है |

३१ जनवरी २०२३

जगत जननी

<u>पालकों को अपनी संतानों पर भविष्य चुनने की इच्छाएं थोपना</u>

प्रत्येक अभिभावक हमेशा अपनी संतानों के भविष्य को लेकर दौड़-धूप करते रहते हैं | कई माता-पिता समझते हैं कि उनके बच्चों की समझ कच्ची है इसलिए वे उनके भविष्य का निर्णय खुद करते हैं | अपने जीवन में जो वे नहीं बन पाए अब वे अपने बच्चों द्वारा पूरा कर अपना उल्लू सीधा करते हैं | मैं इस बात से पूर्णतः सहमत नहीं हूँ |

विद्यार्थी को यदि अपने मनपसंद का विषय व भविष्य न मिले तो उनमें कार्य करने की लालसा समाप्त हो जाती है | ऐसे में बच्चों को अपना हर कार्य पहाड़ जैसा लगता हैं | अंततः वे मुश्किल परिस्थियों के सामने अपने घुटने टेकते रहते हैं | जो एक गंभीर विषय है |

आधुनिक युग में सीखने व सफल होने के लिए आज तो कई साधन उपलब्ध हैं | नई-नई तकनीकी और क्षमताओं की सहायता से अपना भविष्य अब सोने पर सुहागे की तरह चमकाया जा सकता है | संविधान व कानून भी बच्चों के पक्ष में ही है | सरकार भी आये दिन विभिन्न योजनायें लाती रहती है जिससे नए भविष्य में नए रोजगार और नए उद्यम के अवसर उपलब्ध रहते हैं | समाज में कहीं न कहीं अभिभावक भी अपने निर्णयों द्वारा ही सफल हुए हैं फिर अपनी संतानों को अपना भविष्य चुनने के निर्णयों से वंचित कैसे रख सकते हैं ?

इसलिए मेरा मानना उचित है की अभिभावकों को अपनी संतानों पर भविष्य चुनने की इच्छाएं थोपनी नहीं चाहिए | उन्हें अपने सुनहरे भविष्य का पंख खुद फैलाना होगा |

9

औपचारिक पत्र - उदाहरण

औपचारिक पत्र :

अपने विद्यालय की पुस्तकालय के लिए 5 पुस्तकें मँगवाने के लिए प्रकाशक को एक पत्र लिखिए | शब्द सीमा 120 | अंक – 8 |

जगत जननी

अरविन्द विद्यालय,

मेरागाँव, मुम्बई-४०००००९

22 नवम्बर २०२२

सेवा में,

प्रकाशक,

अरविन्द जी (साझा),

दुर्वास सोसाइटी,

पालघर – ४०१२०९

विषय : विद्यालय के पुस्तकालय के लिए पुस्तकें मँगाना |

महोदय,

मैं (....... ......) अरविन्द विद्यालय का/की छात्र प्रमुख हूँ | आपके प्रकाशन से कुछ नयी पुस्तकें प्रकाशित हुई हैं | पिछली पुस्तकें हमारे यहाँ अधिक चाव से पढी जाती हैं | ये पुस्तकें हमारी पुस्तकालय में नहीं हैं | पुस्तकों की सूची निम्नलिखित हैं |

1. पतवार-9 1 प्रति
2. वीथिका -9 1 प्रति
3. लोमड़ी के चतुराई 1 प्रति
4. चालाक चोर 1 प्रति
5. कक्षा 9 की प्रश्न पुस्तिका 1 प्रति

आशा करता हूँ कि उपर्युक्त पुस्तकें हमारे विद्यालय में जल्द से जल्द भिजवाने की कृपा करें | पुस्तकों के साथ ही इसकी रसीद भी भिजवा दें | पुस्तकें मिलते ही कीमत का भुगतान कर दिया जाएगा |

भवदीय / भवदीया

जगत जननी

छात्र प्रमुख

10

भाषण लेखन - उदाहरण

प्रारूप : भाषण लेखन : विषय : "हिंदी की परीक्षाएं कैसे उत्तीर्ण करें ?"

आदरणीय अध्यक्ष महोदय, निर्णायक मंडल, गुरुजन, अतिथिगण तथा मेरे प्यारे साथियों / दोस्तों / मित्रों / सहेलियों !

आज मैं .... आपके समक्ष "हिंदी की परीक्षाएं कैसे उत्तीर्ण करें ?" इस विषय पर अपने विचार प्रस्तुत करने जा रहा / रही हूँ | आशा है आप शांतिपूर्वक सुनकर मेरा हौसला बढ़ाएंगे |

मित्रों,

जैसे की आप जानते हैं, हिंदी हमारे देश में बोली जानेवाली प्राथमिक भाषाओं में से एक है | ऐसे में हिंदी विषय में उत्तीर्ण होना एक आसान कार्य है | परन्तु......

1. मुद्दा + उदाहरण (दोहे / लोकोक्तियाँ / उक्तियाँ / पंक्तियाँ)
2. मुद्दा + उदाहरण
3. मुद्दा + उदाहरण (1-2 मुहावरों का प्रयोग)

दोस्तों.....

1. मुद्दा + उदाहरण
2. मुद्दा + उदाहरण (1-2 मुहावरों का प्रयोग)

साथियों.....

6. मुद्दा + उदाहरण
7. मुद्दा + उदाहरण
8. मुद्दा + उदाहरण (1-2 मुहावरों का प्रयोग)

मित्रों,

आपने शांति पूर्वक मेरे भाषण को सुना, इसके लिए आपको धन्यवाद ! आशा है मेरे विचारों से आप भी सहमत होंगे |

(नारे . . . .)

धन्यवाद !!

11

डायरी लेखन - उदाहरण

"हास्य कवी, समाज में लोगों के जीवन में रंग भरते रहते हैं" – इस विषय पर एक डायरी लेखन करें |

स्थान.दिनांक.समय.दिन

प्रिय डायरी,

1. हम देखने गए ... कहाँ .... उदाहरण
2. वातावरण / माहौल -
3. जीवन में खुशियाँ/मुस्कराहट लाते – कैसे – उदाहरण + मुहावरा
4. मनोरंजन करते हैं – कैसे – उदाहरण + मुहावरा
5. परीक्षा से चिंता मुक्त / तनाव से मुक्ति
6. स्वास्थ्य - भोजन – समय व्यतीत हो गया उदाहरण + मुहावरा
7. हँसना एक ईलाज के रूप में / दिव्यांग व्यक्ति
8. बच्चे / युवा / वृद्ध लोगों के लिए .... उदाहरण + मुहावरा
9. प्रत्येक देश में / प्रत्येक भाषा में .....

12

डायरी लेखन- अभ्यास-१

डायरी लेखन- अभ्यास-१

आप परीक्षा देने के बाद शाम को घर में बैठे हुए हो| उस समय आपके मन में जो विचार आ रहे हैं उन विचारों को २०० शब्दों में डायरी के रूप में लिखिए|

निम्नलिखित टिप्पणियाँ आपके लेखन के लिए दिशा प्रदान कर सकती हैं | इनकी सहायता से आप अपने विचारों को विस्तार दीजिये |

१. प्रश्नपत्र के बारे में सकारात्मक बातें

२. प्रश्नपत्र के बारे में नकारात्मक बातें

3. आपकी परीक्षा के बारे में योजनायें

४. परीक्षा समाप्ति पर किये जाने वाले कार्य

13

ई-मेल लेखन अभ्यास - १

ई-मेल लेखन अभ्यास - १

आपके विद्यालय में अन्तर-हाउस फुटबाल प्रतियोगिता आयोजित की गयी थी | आपके अनुभवों को ई-मेल द्वारा अपने मित्र को बताइए | ई-मेल २०० शब्दों में होना चाहिए | निम्नलिखित टिप्पणियाँ आपके लेखन के लिए दिशा प्रदान कर सकती हैं |

१. प्रतियोगिता के कार्यक्रम

२. खेल व खिलाड़ी

3. अंतर-हाउस की योजनायें व बदलाव

४. खेल समाप्ति पर लोगों की प्रतिक्रियाएं

14

डायरी - उदाहरण + अभ्यास

डायरी :-

स्थान : विद्यालय, गांव, मुंबई-४०००००९

दिनांक : बुधवार, १८ नवम्बर २०२२

समय : सुबह 9:43

प्रिय डायरी,

आज काफी दिनों बाद तुमसे मिल रही हूँ | कल का दिन बड़ा ही थका देनेवाला था | कल मैं अपने मित्र के साथ मैदान में मैच देखने गयी थी | भारत और ऑस्ट्रेलिया के बीच वानखेड़े स्टेडियम में क्रिकेट खेला गया |

तुम्हें बताऊँ कि शुरू में ही भारत ने गेंदबाजी शुरू की और खून पसीना एक कर केवल 2 विकेट ही चटका पाए | उसके बाद ऑस्ट्रेलिया के बल्लेबाजों ने भारत के खिलाड़ियों के बारह बजा दिए | यह देखकर सभी दर्शकों के क्रोध की सीमा न रही | अब भारत को १८० रन बनाने थे | कोहली ने आते ही ५५ गेंदों पर शतक जड़ दिए | अब तो हमारे साथ-साथ सारे दर्शकों की खुशी का ठिकाना न रहा | आखिरकार भारत को रोमांचक जीत हासिल हुई |

अच्छा अब चलती हूँ | थोड़ा आराम भी करना है |

जगत जननी

15

सारांश लेखन

सारांश लेखन प्रारूप

- यह एक अनुच्छेद के रूप में होना चाहिए।
- एक सारांश एक परिचयात्मक वाक्य हो
- पाठ के शीर्षक, लेखक और पाठ के मुख्य बिंदु को बताता है जैसा कि आप इसे देखते हैं।
- एक सारांश आपके अपने शब्दों में लिखा गया है।
- एक सारांश में केवल मूल पाठ के विचार होते हैं।
- सारांश में अपनी कोई राय, व्याख्या, कटौती या टिप्पणी न हो
- लेखक द्वारा उपयोग किए जाने वाले महत्वपूर्ण उप-दावों को पहचानें।
- शब्द-दर-शब्द निबंध से तीन अलग-अलग मार्ग ले
- "उद्धरण चिह्न" लगाएं,
- पैराग्राफ की संख्या डालें
- निबंध से स्रोत सामग्री का उपयोग करना महत्वपूर्ण है।
- एक अंतिम वाक्य लिखें जो आपके सारांश को "लपेटता" है;
- +
- अक्सर मुख्य बिंदु का एक सरल वाक्य लिखें

एक अच्छा सारांश व्यापक, संक्षिप्त, सुसंगत और स्वतंत्र होना चाहिए।

पाठ के सारांश में कौन, क्या, कब, कहाँ, क्यों और कैसे शामिल होना चाहिए ।

सबसे पहले, केवल कहानी के पात्रों, कथानक, संघर्ष/यात्रा, संकल्प और सेटिंग के बारे में सोचें। फिर कहानी के संदेश को अपने शब्दों में लिखिए। अपने सारांश के वाक्यों को संपादित और कम करते रहें।

16

रिपोर्ट लेखन

रिपोर्ट किसी कार्य विशेष के महत्वपूर्ण तथ्यों के लेखा-जोखा के रूप मे होती है जिसमे कार्य विशेष से संबंधित सभी जरूरी सूचनाओं का समावेश रहता है। एक रिपोर्ट का प्रमुख उद्देश्य किसी विस्तृत विषय सामग्री को संक्षिप्त रूप मे इस तरह संगठित करना है जिसको देखकर विषय से संबंधित सही जानकारी को तत्काल प्रकट किया जा सके।

भाग :

(परिचय, मुख्य भाग, निष्कर्ष और संदर्भ सूची)

एक रिपोर्ट को किसी व्यक्ति या किसी समूह द्वारा तैयार की गई कुछ घटनाओं, निष्कर्षों, टिप्पणियों या सिफारिशों पर एक बयान या एक बड़े या छोटे खाते के रूप में परिभाषित किया जा सकता है। एक रिपोर्ट मौखिक या लिखित हो सकती है।

रिपोर्ट लिखना काफी सरल है; आपको इसे ज्यादा सोचने की जरूरत नहीं है। शीर्षक में केवल नाम और प्राथमिक विचार ही लिखा जाना चाहिए।

रिपोर्ट प्रकार:

रिपोर्ट के शीर्ष 8 प्रकार

1 व 2। संक्षिप्त या लंबी रिपोर्ट: ...

3। सूचनात्मक या विश्लेषणात्मक रिपोर्ट: ...

4। प्रस्ताव रिपोर्ट: ...

5। कार्यक्षेत्र या पार्श्व रिपोर्ट: ...

6। आंतरिक या बाहरी रिपोर्ट: ...

7। आवधिक रिपोर्ट: ...

8। कार्यात्मक रिपोर्ट:

17

रिपोर्ट लेखन - उदाहरण

हिंदी में रिपोर्ट लेखन: गणतंत्र दिवस पर हिंदी में रिपोर्ट लेखन

एक रिपोर्ट लेखन का एक टुकड़ा है जो किसी अवसर या किसी परियोजना की वर्तमान स्थिति के बारे में जानकारी प्रदान करता है। रिपोर्ट के पूरा होने पर, अक्सर एक परिशिष्ट, निकाय, निष्कर्ष और संदर्भ होते हैं।

हर साल की तरह इस साल भी हमारे स्कूल में सभी छुट्टियों के दिन इस दिन को मनाने के लिए एक बड़े कार्यक्रम की योजना बनाई गई थी। जब 26 जनवरी, 1950 को भारत एक गणतंत्र बना और भारतीय संविधान लागू हुआ, तो हम सभी को बहुत संतोष हुआ। सुबह 8 बजे प्रार्थना के बाद मार्च निकाला गया और ध्वजारोहण किया गया।

हमारे स्कूल के प्रिंसिपल ने युवा सशक्तिकरण को बढ़ावा देने वाले कई भाषणों से पहले भारतीय झंडा फहराया और देशभक्ति के बारे में बात की। सभी विद्यार्थियों को जातीय परिधान पहनाया गया था जो भारत के विभिन्न क्षेत्रों का प्रतिनिधित्व करते थे। प्रस्तुति समाप्त होने पर सभी युवाओं ने मिठाइयां ग्रहण कीं।

https://speechhindi.in/report-writing-in-hindi/

18

रिपोर्ट लेखन का उदाहरण 2

रिपोर्ट लेखन का उदाहरण

देश के महानगरों में पानी की गंभीर समस्या है। इसके कारणों के बारे में रिपोर्ट तैयार कीजिए।

बिन पानी सब सुन

श्रीलता मेनन

नई दिल्ली, 20 दिसंबर

देश के सबसे अमीर स्थानीय निकाय बृहनमुंबई नगर निगम (बीएमसी) को भी देश की आर्थिक राजधानी के बाशिंदों को पानी देने में हाथ तंग करना पड़ रहा है। बीएमसी पहले ही पानी की आपूर्ति में 15 फीसदी की कटौती कर चुका है और इस हफ्ते इस बात पर फैसला लिया जाएगा कि मुंबईवालों को हफ्ते के सभी दिन पानी दिया जाए या किसी एक दिन उससे महरूम रखा जाए। इस साल बारिश की बेरुखी से केवल मुंबई का हाल ही बेहाल नहीं है, बल्कि देश के लगभग सभी प्रमुख शहरों में इस दफे पानी का रोना रोया जा रहा है।

शहरों का आकार जैसे-जैसे बड़ा हो रहा है पानी की उनकी जरूरत भी बढ़ती जा रही है। शहरों के स्थानीय प्रशासनों को पानी की लगातार बढ़ती माँग से तालमेल बैठाने के लिए खासी मशक्कत करनी पड़ रही है। दिल्ली, भोपाल, चंडीगढ़, कोलकाता, मुंबई, चेन्नई और बंगलुरू में से केवल बंगलुरू में ही हालात कुछ बेहतर है। इसकी सीधी सी वजह है वर्षा जल-संरक्षण के मामले में देश की यह आईटी राजधानी दूसरे शहरों के लिए मिसाल है। वहीं दूसरे शहरों में खास तौर से दिल्ली में बैठे जिम्मेदार लोग बाहरी लोगों के दबाव को बदइंतजामी की वजह बताते हुए ठीकरा उनके सर फोड़ते हैं।

चेन्नई में अभी तक मीटर नहीं है। बारिश के पानी का इस्तेमाल करने के लिए मुंबई को अभी बंदोबस्त करना बाकी है। इन शहरों की नीतियों में भी पारदर्शिता की कमी झलकती है। बड़े शहरों में केवल बंगलुरू में ही 90 फीसदी मीटर काम कर रहे हैं, जबकि राष्ट्रीय

राजधानी में केवल आधी आबादी की आपूर्ति ही मीटर के जरिए होती है। बीएमसी के अधिकारी कहते हैं कि निगम पानी की बर्बादी रोकने के लिए कदम उठा रहा है, लेकिन ज़मीनी स्तर पर कुछ होता नहीं नज़र आ रहा है। देश में बड़े पैमाने पर भूजल का दोहन हो रहा है, लेकिन इंदौर को छोड़कर किसी अन्य शहर में भूजल के बेजा इस्तेमाल पर जुर्माना नहीं है। मध्य प्रदेश के इस प्रमुख वाणिज्यिक शहर में इस साल पानी के मामले में आपातकाल जैसे हालात हैं। पूरब के महानगर कोलकाता में भी पानी देने वाली हुगली नदी को नज़रअंदाज किया जा रहा है।

https://www.onlinehindi.in/2018/08/report-writing-example-1-1.html

लेखन के पाँच मुख्य प्रकार

लेखन के केवल पाँच मुख्य प्रकार हैं:

1.
    वर्णनात्मक,

2.
    वर्णनात्मक,

3.
    प्रेरक,

4.
    वर्णनात्मक, और

5.
    जर्नल या पत्र लेखन ।

प्रत्येक लेखन शैली का अपना अनूठा उद्देश्य होता है और इसके लिए अलग-अलग कौशल की आवश्यकता होती है।

जगत जननी